SCHÄTZE DER BIBEL

JÜRGEN WERTH

DAS GEHEIMNIS DER SELIGPREISUNGEN

SCM R.Brockhaus

SCM

Stiftung Christliche Medien

Bodenborn 43 · 58452 Witten
Internet: www.scm-brockhaus.de; E-Mail: info@scm-brockhaus.de

Gesamtgestaltung:
Yellow Tree - Agentur für Design und Kommunikation, www.yellowtree.de
Druck und Bindung: Finidr s.r.o.
Gedruckt in Tschechien
ISBN 978-3-417-26458-6
Bestell-Nr. 226.458

DIE SELIGPREISUNGEN

Matthäusevangelium, Kapitel 5, Verse 1 bis 12;
Übersetzung von Martin Luther

1 Als er aber das Volk sah, ging er auf einen Berg
und setzte sich; und seine Jünger traten zu ihm.
2 Und er tat seinen Mund auf, lehrte sie und sprach:
3 Selig sind, die da geistlich arm sind;
denn ihrer ist das Himmelreich.
4 Selig sind, die da Leid tragen;
denn sie sollen getröstet werden.
5 Selig sind die Sanftmütigen;
denn sie werden das Erdreich besitzen.
6 Selig sind, die da hungert und dürstet nach
der Gerechtigkeit; denn sie sollen satt werden.
7 Selig sind die Barmherzigen;
denn sie werden Barmherzigkeit erlangen.
8 Selig sind, die reinen Herzens sind;
denn sie werden Gott schauen.
9 Selig sind die Friedfertigen;
denn sie werden Gottes Kinder heißen.
10 Selig sind, die um der Gerechtigkeit willen
verfolgt werden; denn ihrer ist das Himmelreich.
11 Selig seid ihr, wenn euch die Menschen um
meinetwillen schmähen und verfolgen und reden
allerlei Übles gegen euch, wenn sie damit lügen.
12 Seid fröhlich und getrost;
es wird euch im Himmel reichlich belohnt werden.
Denn ebenso haben sie verfolgt die Propheten,
die vor euch gewesen sind.

GOTT SEGNET …

Matthäusevangelium Kapitel 5, Verse 1 bis 12;
Übersetzung Neues Leben

1 Eines Tages, als sich immer mehr Menschen
um Jesus sammelten, stieg er mit seinen Jüngern
auf einen Berg und setzte sich dort hin,
um sie zu unterrichten.
2 Und das lehrte er sie:
3 »Gott segnet die, die erkennen, dass sie ihn brauchen,
denn ihnen wird das Himmelreich geschenkt.
4 Gott segnet die, die traurig sind,
denn sie werden getröstet werden.
5 Gott segnet die Freundlichen und Bescheidenen,
denn ihnen wird die ganze Erde gehören.
6 Gott segnet die, die nach Gerechtigkeit hungern,
denn sie werden sie im Überfluss erhalten.
7 Gott segnet die Barmherzigen,
denn sie werden Barmherzigkeit erfahren.
8 Gott segnet die, die ein reines Herz haben,
denn sie werden Gott sehen.
9 Gott segnet die, die sich um Frieden bemühen,
denn sie werden Kinder Gottes genannt werden.
10 Gott segnet die, die ihr Leben Gott ganz zur Verfügung
stellen, denn das Himmelreich wird ihnen gehören.
11 Gott segnet euch, wenn ihr verspottet und verfolgt
werdet und wenn Lügen über euch verbreitet werden,
weil ihr mir nachfolgt.
12 Freut euch darüber! Jubelt!
Denn im Himmel erwartet euch reiche Belohnung.
Und denkt daran, auch die Propheten
sind einst verfolgt worden.

ZU BEGINN

Nein, diese Sätze passen nicht ins Regelwerk unserer Welt. Sie entsprechen so gar nicht den kleinen und großen Erfahrungen unseres Alltags. Kann man so leben? Kann man so über-leben? Gibt es irgendwo irgendeinen, der so lebt? Wenigstens einen?
Die Seligpreisungen, mit denen Jesus von Nazareth seine Bergpredigt eröffnet, sind ein faszinierender Text, der auf geheimnisvolle Art unsere tiefsten Sehnsüchte anrührt. Denn wir ahnen: Die Welt sähe anders aus, wenn man so leben würde. Wärmer. Heller. Menschlicher.
Schon immer haben Hörer und Leser überlegt, wie man diesen Text in unsere Lebenswirklichkeit übersetzen könnte. So, dass er lebbar wird. Erlebbar. Diesen Text oder gar die gesamte Bergpredigt. Die „Rede der Reden" hat sie Hans Weder genannt, emeritierter Professor für neutestamentliche Wissenschaft an der Theologischen Fakultät der Universität Zürich und acht Jahre lang ihr Rektor. Gilt sie nur fürs Private, diese Rede der Reden? Oder gar auch für die Öffentlichkeit? Fürs Politische am Ende gar? Ja, postulierte 1983 der Journalist Franz Alt in seinem Buch „Frieden ist möglich – Die Politik der Bergpredigt." Und erntete begeisterten Applaus – und harsche Kritik. Von Politikern und von Theologen.

DIE BERGPREDIGT – DIE „REDE DER REDEN".

Eine Utopie sei dieser Text, sagen manche. Jesus wolle einfach nur zeigen, wie menschliches Zusammenleben gelingen könne. Wenn denn die Menschen und die Umstände nicht wären, wie sie sind. Ein schöner Traum also. Ein Text fürs Poesiealbum. Utopien aber würden nicht so richtig zu all den handfesten und lebensnahen Aussagen von Jesus passen.

Sei's drum. Ich will diese Meinungen über die Bergpredigt in diesem kleinen Büchlein auch gar nicht untersuchen. Will nicht eine weitere These neben die Legion vorhandener Thesen stellen.

EIN RÄTSEL KANN MAN LÖSEN, EIN GEHEIMNIS MUSS MAN STEHEN LASSEN. EINEM GEHEIMNIS NÄHERT MAN SICH, INDEM MAN DARÜBER STAUNT. NUR SO ERSCHLIESST ES SICH.

Ich will mich diesem Text anders nähern. Will sein Geheimnis respektieren und achten. Will den leisen Herzschlag dieses alten Textes ertasten, und hören, was er uns hier und jetzt sagen möchte.

Ein Rätsel kann man lösen, ein Geheimnis muss man stehen lassen. Einem Geheimnis nähert man sich, indem man darüber staunt. Nur so erschließt es sich. So habe ich das beim Theologen Klaus Vollmer gelernt. Ich ergänze das mit einem Gedanken des Musikers Peter Horton: „Das Ende aller Gedanken ist Andacht.“ So heißt dieses Buch also nicht von ungefähr „Das Geheimnis der Seligpreisungen“.

Und um uns von unseren Gedanken zur Andacht zu führen, endet jedes Kapitel mit einem Gebet, das Sie zu Ihrem Gebet machen können. Allein oder mit anderen.

Ich lade Sie ein, sich mit mir diesem Geheimnis zu nähern. Ich glaube, dass wir am Ende staunen werden. Und dass wir neue Horizonte entdecken. Denkhorizonte, Glaubenshorizonte und Lebenshorizonte.

SELIG SIND

Selig ... Das Wort kommt in unserem Sprachgebrauch nicht mehr allzu häufig vor. Na ja, hin und wieder sind wir vielleicht „weinselig". Zuweilen auch „saumselig". Manchen Zeitgenossen nennen wir „leutselig" oder gar „redselig". Andere sind uns „feindselig" gesinnt. Rosamunde Pilchers Bücher und Filme schimpfen wir Männer zuweilen „rührselig". Was das Lesen und Zuschauen für den einen oder anderen „mühselig" macht. „Erfüllt von" – vielleicht lässt sich dieses Anhängsel so am ehesten paraphrasieren. Erfüllt von Wein, von Feindschaft, von Mühe. Aber so richtig hilft uns das nicht weiter. Wie können wir dieses Wort verstehen, wenn es so ganz einsam und allein vor uns steht?

Die alt- und mittelhochdeutschen Wurzeln bedeuten „wohlgeartet, gut, glücklich; gesegnet; heilsam", schreibt Dudens Herkunftswörterbuch. Und vermerkt, dass der Begriff entscheidend vom Christentum geprägt sei. Aber dennoch, was man vermuten möchte, nichts mit dem Wort „Seele" zu tun habe.

Nun, unser Wort hat Martin Luther eingeführt, als er das Neue Testament vom Griechischen ins Deutsche übersetzte. Auf der Wartburg war das. In jenem kleinen Studierzimmer, das wir heute als „Lutherstube" bewundern. Das Originalwort in der griechischen Bibel heißt „makarios", was so viel wie „glücklich" und „wohlhabend“ bedeutet. In den lateinischen Bibeln steht dafür das Wort „beatus“ oder genauer „beati“, weil ja eben nicht nur einer, sondern viele angesprochen sind. Die „Beati“ also sind die Glücklichen. Nicht mehr. Nicht weniger. Die Glücklichen. Oder eben die Seligen.

Nun hat es seit Luther zahlreiche kluge und fromme Menschen gegeben, die den alten Bibeltext in unseren modernen Sprachgebrauch übertragen haben. Aber alle tun sich mit diesem besonderen Begriff ein bisschen schwer. Zuweilen steht da „glücklich“, manchmal „glückselig“. Und nicht wenige bleiben beim vertrauten „selig“. Die Gute-Nachricht-Bibel umschreibt es anders: „Freuen dürfen sich alle, die …“ Die Neues-Leben-Bibel geht noch einen Schritt weiter: „Gott segnet die, die …“ Und Roland Werner formuliert in seiner Übersetzung „Das Buch“: „Wahres Glück haben die, die …“ Englische Übersetzungen bleiben meist beim Begriff „blessed“, also „gesegnet“. Was uns also nicht wirklich weiterbringt. Was uns aber auch nicht weiter stören sollte. Es macht nur eins deutlich: Das Geheimnis beginnt bereits beim ersten Wort.

DAS GEHEIMNIS BEGINNT BEREITS BEIM ERSTEN WORT: SELIG.

Es gibt offensichtlich keine wirklich geeigneten Wörter für das, was Jesus hier meint. Keine wirklichen Entspre-

BEATUS

BLESSED

FREUDIG

SELIG

GLÜCKLICH

MAKARIOS

GESEGNET

GLÜCKSELIG

chungen in unseren menschlichen Sprachen. Hier begegnen sich zwei höchst unterschiedliche Welten. Hier kommt der Himmel auf die Erde. Hier kommt Gott zu den Menschen.
In Jesus. Und in dem, was er sagt. Also doch eine Utopie? Vorsicht! Allzu gern säße ich jetzt mit Ihnen auf dem Hügel oberhalb des Sees Genezareth und hörte Jesus dabei zu, wie er diese Worte spricht. Heimlich würde ich dann auch ein wenig in die Runde schauen. Sind hier Leute, die sich angesprochen fühlen? Die behaupten könnten: Jawohl, das sind wir, diese Seligen! Jawohl, das bin ich! Unauffällig würde ich dann auch gerne lauschen, was sie sich zutuscheln. Verstehen sie? Fühlen sie sich gemeint? Geht es ihnen anders, besser als uns heute?
Immer wieder haben Menschen versucht, diese andere, himmlische Wirklichkeit, die mit Jesus in unsere Welt platzt, zu beschreiben. Ein altes Kirchenlied versucht es viele Jahrhunderte später so:

Jesus ist kommen, Grund ewiger Freude;
A und O, Anfang und Ende steht da.
Gottheit und Menschheit vereinen sich beide;
Schöpfer, wie kommst du uns Menschen so nah!
Himmel und Erde, erzählet's den Heiden:
Jesus ist kommen, Grund ewiger Freuden.

Was der Definition, die ich in einem Online-Wörterbuch fand, schon ausgesprochen nahekommt. „Selig“ ist dort: „himmlischer Wonnen teilhaftig“. Die Seligpreisungen sind auf der Erde offensichtlich nicht ohne geöffneten Himmel zu haben. Und sie sind nicht zu verstehen ohne den, der sie formuliert hat. Und zu leben schon gar nicht.

GEBET

ICH AHNE, JESUS, DASS DU HIER ETWAS
GANZ BESONDERES SAGST.
ETWAS GANZ BESONDERS WICHTIGES.
ETWAS GANZ BESONDERS SCHÖNES.
ICH AHNE, DASS DAS WORTE AUS DEM HIMMEL SIND. AUCH WENN DU SIE HIER AUF DER
ERDE AUSGESPROCHEN HAST.
AUF EINEM STAUBIGEN HÜGEL AM SEE GENEZARETH HAST DU DABEI GESESSEN.
WIE DEINE ZUHÖRER.
SO HAST DU GOTT AUF DIE ERDE GEBRACHT.
DER HIMMEL WIRD GEERDET DURCH DAS,
WAS DU SAGST, ER BEKOMMT BODENHAFTUNG. HILF NUN, DASS UMGEKEHRT
UNSERE GEDANKEN DURCH DIESE WORTE
HIMMELHAFTUNG BEKOMMEN.
UNSERE GEDANKEN UND UNSER LEBEN.

SCHENK UNS DEIN HERZ!

SELIG SIND, DIE DA GEISTLICH ARM SIND; DENN IHRER IST DAS HIMMELREICH.

Arme kennen wir. Es gibt viele davon auf dieser Erde. Viel zu viele. Wobei arm und arm noch lange nicht dasselbe ist.

Bei einem Besuch in Bolivien erzählte mir mein Gastgeber von einer Umfrage, die kurz zuvor im Land durchgeführt worden war. Auf die Frage: „Was möchten Sie in Ihrem Leben noch erreichen?“, hatten die meisten Bolivianer geantwortet: „Ich möchte arm sein.“ Wie bitte? Ich traute meinen Ohren kaum. Armsein als höchstes vorstellbares Lebensglück?

Der Grund für diesen Wunsch allerdings war so einfach wie erschreckend. Die meisten Befragten würden sich als bettelarm bezeichnen, lernte ich. Für sie ist „normale“ Armut schon das Höchste, was sie sich vorstellen können. Arme haben wenigstens ein Dach über dem Kopf und ein einigermaßen geregeltes Einkommen. Wenn auch ein erbärmliches.

Wenn einer weniger als 1 bis 1,25 US-Dollar am Tag zur Verfügung hat, gilt er als „absolut arm“. Dazu gehören die rund 850 Millionen Menschen auf der Erde, die chronisch unterernährt sind. Und die 30 000 Kinder, die Tag für Tag aufgrund dieser Armut sterben.

Solche Zahlen sind ein Skandal. Denn eigentlich ist genug zu essen für alle da. Ich muss mir ja nur meine eigene kleine Welt anschauen:

Ich habe nie einen Krieg erlebt, war nie gefangen, habe nie wirklich Hunger gehabt: Ich bin besser dran als Millionen, vielleicht Milliarden anderer Menschen.
In meinem Kühlschrank ist etwas zu essen und zu trinken, ich bin gut gekleidet, ich habe ein Dach über dem Kopf und ein Bett zum Schlafen. Ich bin besser dran als 75 Prozent der Weltbevölkerung.
Ich habe ein Konto bei der Bank und sogar etwas Geld im Portemonnaie. Damit gehöre ich zu den 8 Prozent der wohlhabenden Menschen auf der Erde.
Ich bin reich. Und könnte davon einiges abgeben, ohne auch nur annähernd arm zu werden. Ich bin reich. Und damit auch selig?
Doch Jesus meint hier überhaupt nicht unsere Besitzverhältnisse. Zumindest nicht in dieser Seligpreisung. Die materiell Armen nimmt er in anderen Zusammenhängen in den Blick. Und nennt sie nicht „selig“. Jesus ist kein Zyniker. Er spricht hier zu den „geistlich Armen“ und gebraucht damit einen Begriff, der nicht so sehr etwas mit Geld, sondern vielmehr mit Gott zu tun hat.

JESUS IST KEIN ZYNIKER. ER SPRICHT HIER ZU DEN „GEISTLICH ARMEN“ UND GEBRAUCHT DAMIT EINEN BEGRIFF, DER NICHT SO SEHR ETWAS MIT GELD, SONDERN VIELMEHR MIT GOTT ZU TUN HAT.

„Gott segnet die, die erkennen, dass sie ihn brauchen, denn ihnen wird das Himmelreich geschenkt“, übersetzt die Neues-Leben-Bibel. So sehen also geistlich Arme aus. Geistlich Arme, geistliche Habenichtse – wie kann man sich die vorstellen? Fragen wir Jesus. Einmal erzählte er eine merkwürdige Geschichte von zwei frommen Menschen:

»Zwei Männer gingen in den Tempel, um zu beten. Der eine war ein Pharisäer, der andere ein Steuereintreiber. Der stolze Pharisäer stand da und betete: ›Ich danke dir, Gott, dass ich kein Sünder bin wie die anderen Menschen, wie die Räuber und die Ungerechten, die Ehebrecher oder besonders wie dieser Steuereintreiber da! Denn ich betrüge niemanden, ich begehe keinen Ehebruch, ich faste zweimal in der Woche und gebe dir regelmäßig den zehnten Teil von meinem Einkommen.‹ Der Steuereintreiber dagegen blieb in einigem Abstand stehen und wagte nicht einmal, den Blick zu heben, während er betete: ›O Gott, sei mir gnädig, denn ich bin ein Sünder.‹ Ich sage euch, dieser Sünder – und nicht der Pharisäer – kehrte heim als ein vor Gott Gerechtfertigter. Denn die Stolzen werden gedemütigt, die Demütigen aber werden geehrt werden« *(Lukas 18,10–14).*

Da beten zwei. Ein Pharisäer, also ein Angehöriger einer rechtschaffenen und frommen Schule im Judentum. Und ein Steuereintreiber, ein Zolleinnehmer, einer, der weithin als durch und durch korrupt und geldgierig gilt. Der eine zählt Gott stolz und selbstbewusst auf, was er alles leistet. Und blickt dabei verächtlich auf seinen Mitbeter. Der betet nur eins: „O Gott, sei mir gnädig. Ich bin ein Sünder. Ich kann vor dir nicht bestehen."
Das ist ein „geistlich Armer". Einer, der weiß, dass er mit leeren Händen vor Gott steht. Dass er ein geistlicher Habenichts ist. Dass er ganz und gar auf Gottes Gnade, auf seine Barmherzigkeit angewiesen ist. Dass er im Grunde nicht einmal das Recht hat, mit Gott zu sprechen.
So, sagt Jesus, nähert man sich Gott auf angemessene Weise. So wird man Gott gerecht. So ist man selig. Und der Steuereintreiber verlässt den Tempel als „Gerechtfertigter". Er ist Gott recht. Der Pharisäer bleibt in seiner Selbstgerechtigkeit allein. Ein altes Lied greift das auf: „Nichts hab ich zu bringen! Alles, Herr, bist du!"
Wer bin ich? Pharisäer oder Steuereintreiber? Bin ich Gott recht oder bin ich – nur – selbstgerecht?
Die Seligpreisungen halten uns den Spiegel vor. Zeigen uns, wie wir sind. Wahrscheinlich viel häufiger Pharisäer als Steuereintreiber.

Schon wer diese Tatsache erkennt, ist „geistlich arm". Eine moderne englischsprachige Übersetzung sagt es so: „Blessed are those who know that they are poor." Gesegnet sind die, die wissen, dass sie arm sind. Dass sie mit leeren Händen dastehen. Dass sie Gott nicht wirklich mit ihrem Glauben beeindrucken können. Und mit ihrem Leben schon gar nicht. „Ihrer ist das Himmelreich!", sagt Jesus. Sie passen zu Gott. Sie passen in seine Welt. Ihnen schenkt er alles. Den Himmel. Den Himmel im Himmel. Und den Himmel auf der Erde. Wenigstens schon ein bisschen. Denn der Himmel ist da, wo Gott ist. Und wer die Nähe Gottes sucht, hat schon hier ein Stück Himmel.

GEBET

WIR WÜRDEN UNS SO GERN DEN HIMMEL
VERDIENEN, JESUS.
DIE LIEBE UND DIE ANERKENNUNG DEINES
VATERS IM HIMMEL.
ES FÄLLT UNS SCHWER,
MIT LEEREN HÄNDEN ZU KOMMEN.
ABER WIR KENNEN UNSERE HARTEN HERZEN.
UNSERE GOTTLOSEN GEDANKEN.
UND WIR KOMMEN, WIE WIR SIND. WAS
BLEIBT UNS AUCH SCHON ANDERES ÜBRIG!
WIR BITTEN DICH: SCHENK UNS,
WAS WIR UNS NICHT VERDIENEN KÖNNEN:
DEINE LIEBE! DEN HIMMEL!

SCHENK UNS DEIN HERZ!

SELIG SIND, DIE DA LEID TRAGEN; DENN SIE SOLLEN GETRÖSTET WERDEN.

Ein Trauerzug schleppt sich aus der kleinen Stadt Nain im Norden Israels, in Galiläa. Eine Witwe trägt ihren einzigen Sohn zu Grabe. Nun ist sie völlig allein. Und der letzte Versorger ist gegangen. Sie ist arm. Absolut arm. Kinder waren die Altersversorgung in Israel zur Zeit des Neuen Testaments. Wie heute noch in vielen Ländern dieser Erde.
Jesus trifft mit seinen Schülern auf den Zug. Und schaut die Frau an. Schaut sie liebevoll und verständnisvoll an. Und ist von ihrem Schicksal erschüttert. Er spricht sie an. Und tut, was er nur selten tut: Er nimmt die Hand des Toten und sagt: „Steh auf!“ Und das Leben kommt in diesen jungen Mann zurück. Die Witwe schließt ihn schluchzend in die Arme. Ein Todeszug ist aus der Stadt gezogen, nun zieht ein Lebenszug zurück.

JESUS LÄSST UNSER LEID NICHT KALT.

Jesus lässt unser Leid nicht kalt. Jesus lässt sich „jammern“, so übersetzt Martin Luther seine Reaktion. Jesus ist Gott. Sein Jammern ist das Jammern Gottes. Nur, wer sich jammern lässt, kann wirklich trösten. Bei anderen blubbern lediglich hohle Worte aus dem Mund. Worte, die nichts ändern. Die kein Licht anzünden. Diese Seligpreisung scheint ein Satz für jene Frau aus Nain zu sein: „Selig sind, die da Leid tragen; denn sie sollen getröstet werden.“

Nicht immer hat Jesus so spektakulär getröstet. Nicht immer ein solches Wunder getan. Damals nicht. Und heute nicht.
Pfarrer Paul Deitenbeck aus Lüdenscheid musste schon früh eines seiner Kinder beerdigen. Viele in der Gemeinde hatten für seine Tochter gebetet. Vergeblich gebetet allerdings. Denn die Kleine war trotz allem gestorben. Aber nur scheinbar vergeblich gebetet hatten sie. Denn da war anschließend so viel Trost. So viel Getragensein. So viel Hoffnung. Die Deitenbecks wussten bei aller abgrundtiefen Trauer ihr Kind in den Armen Gottes.
Paul Deitenbeck sagte später: „Gott wollte sich durch unsere Wunden verherrlichen. Nicht durch ein Wunder." Auch wenn er und seine Frau dieses Wunder so sehr herbeigesehnt hatten. Die Menschen innerhalb und außerhalb der Gemeinde jedoch staunten, wie viel Kraft und Trost der Glaube an Gott gibt. Und nicht wenige sagten: An diesen Gott möchte ich auch glauben können. Man kann selig sein und andere selig machen, obwohl man Leid zu tragen hat.
Immer wieder habe ich das erlebt. Menschen kommen mit weichen Knien in ein Krankenzimmer. Wollen trösten. Haben sich lange überlegt, was sie sagen wollen. Und wie. Und werden getröstet. Vom Kranken. Vom Sterbenden. Und gehen ermutigt nach Hause. Haben nichts ge-

sagt. Aber so viel Kostbares gesehen und gehört.
Da trägt einer Leid, massives Leid, und seine Seligkeit strahlt aus allen Knopflöchern. Vermutlich ist es schon der Himmel, der sich hier still auf der Erde niedergelassen hat. Im Körper und in der Seele eines Sterbenden.
Diese letzten Tage und Stunden im Leben eines Menschen, der sich auf Jesus verlässt, sind oft geheimnisvoll. Als mein Vater im Sterben lag und kaum noch Luft bekam, habe ich mit zittrigen Händen zur Bibel gegriffen. Ich habe die Psalmen aufgeschlagen. Auch Psalm 121. „Der Herr behüte deinen Ausgang und Eingang", steht da. Ein Lächeln zog auf das Gesicht meines Vaters. „Jedes Wort ist wahr!", flüsterte er. Weil er wusste, dass sein Ausgang aus der irdischen Welt sein Eingang in die himmlische Welt war. Er starb getröstet. Und ließ uns getröstet zurück, wenn wir auch abgrundtief traurig waren.
Trotzdem wirft jedes Leid tiefe und tiefste Fragen auf. Sie lassen sich in aller Regel nicht beantworten, auch wenn wir das so gerne hätten. Warum kommen tausende Menschen bei einem Erdbeben ums Leben? Warum gibt es so viel Ungerechtigkeit auf der Welt? Warum wird unter den Händen des einen alles zu Gold, während beim anderen alles schiefzugehen scheint? Warum erwischt ihn der Krebs gerade dann, als er begonnen hat,

sich auf die Zeit des Ruhestands zu freuen? Warum muss dieses Kind sterben? Es gibt keine wirklichen Antworten auf diese Fragen. Wir müssen sie aushalten. Das können wir wohl nur, wenn wir uns an Jesus halten. An den gekreuzigten Jesus. An den leidenden Gottessohn. Der versteht, der mitleidet, der jedem, der leidet, unvorstellbar nahe ist. Näher als der nächste Angehörige.
Er tröstet wirklich. Weil sein Trost nicht von dieser Welt ist. Weil er von Gott kommt.
Aber es gilt wohl auch das: „Unser Leben muss mit einem Stücklein Kreuz angerichtet sein, damit es nicht verdirbt." Martin Luther hat das gesagt. Tatsächlich finden nicht wenige Menschen in den Krisenzeiten des Lebens zum Glauben an Gott. Wenn nichts sonst mehr hält, greifen sie nach dieser Hand. Und bestimmt brauchen auch die, die die Hand Gottes längst ergriffen haben, immer wieder solche besonderen Zeiten. Damit sie sich nicht in dem verlieren, was ein alter Kirchenchoral „Erdentand" nennt. Tand, wertloses Zeug, weil vergänglich. Für das Musical „Josef – eine Traumkarriere" habe ich den folgenden Text geschrieben:

UNSER LEBEN MUSS MIT EINEM STÜCKLEIN KREUZ ANGERICHTET SEIN, DAMIT ES NICHT VERDIRBT.
Martin Luther

LEBEN OHNE SCHATTEN

Leben ohne Schatten ist Leben ohne Sonne,
wer nie im Dunkeln saß, beachtet kaum das Licht.
Leben ohne Tränen ist Leben ohne Lachen,
wer nie verzweifelt war, bemerkt das Glück oft nicht.
Leben ohne Täler ist Leben ohne Berge,
wer nie ganz unten war, schaut gleichgültig ins Tal.
Leben ohne Zweifeln ist Leben ohne Glauben,
wer niemals sucht und fragt,
dessen Antworten sind schal.

Leben ohne Kälte ist Leben ohne Wärme,
wer nie gezittert hat, schätzt keinen Unterstand.
Leben ohne Alleinsein ist Leben ohne Liebe,
wer keine Leere kennt, greift kalt nach jeder Hand.
Leben ohne Kämpfe ist Leben ohne Frieden,
wer nie im Sturm war, freut sich nicht an glatter See.
Leben ohne Trauer ist Leben ohne Hoffnung,
wer keinen Abschied kennt, kennt auch kein Wiedersehn.

Wir danken dir, Gott, für das, was du gibst.
Wir danken dir, Gott, weil du immer liebst.

Auch bei uns bleibt Jesus immer wieder stehen und sieht uns an. Wie damals die Witwe in Nain. Er sieht uns an mit einem Blick voller Verständnis und Erbarmen. Wir müssen ihm nicht erst lang und wortreich erklären, wie es uns geht. Er weiß es längst. Und fühlt mit. Jesus lässt sich jammern.
Aber Achtung: Mit jeder und jedem von uns geht er individuell um. Wir sind nicht die Witwe in Nain. Vergleichen hilft nicht weiter. Vergleichen hilft nie.
Aber er hilft. Indem er die Situation verändert. Oder indem er die Kraft gibt, mit der unveränderten Situation weiterzuleben. Am Ende siegt das Leben. Immer! Weil Jesus den Tod besiegt hat.

GEBET

DASS DU BEI UNS STEHEN BLEIBST, JESUS!
DASS DU UNS ANSIEHST!
DASS UNSER ELEND DICH JAMMERT!
DASS DU UNS DURCHS GLÜCK UND DURCHS ELEND UNSERES LEBENS HILFST!
DANKE, DASS DICH KEIN LEIDEN AUF DIESER WELT KALTLÄSST. AUCH UNSER LEID NICHT.
DANKE, DASS DU UNS DEIN WARMES HERZ ZUWENDEST!
LASS UNS VON DIR LERNEN, JESUS.
MACH UNS ZU MENSCHEN, DIE ACHTSAM LEBEN. DASS WIR DAS LEID DER ANDEREN WAHRNEHMEN UND ERNST NEHMEN. SCHENK UNS DEINEN BLICK FÜR DIE MENSCHEN.

SCHENK UNS DEIN HERZ!

SELIG SIND DIE SANFTMÜTIGEN; DENN SIE WERDEN DAS ERDREICH BESITZEN.

Haben die Sanftmütigen eine Chance in unserer Welt? Im Beruf? In der Kirche? In der Politik?
„Rösler ist kein Alphatier!“, schreibt eine Zeitung über den deutschen Wirtschaftsminister. Eine andere attestiert Sigmar Gabriel, er sei einfach nicht ehrgeizig genug, um Kanzlerkandidat seiner Partei zu werden. Und andere verlangen wortreich, Frau Merkel solle endlich einmal Führungsstärke zeigen und auf den Tisch des Hauses schlagen.
Wir wollen Politiker, die eine klare Kante zeigen. Wenigstens solange diese klare Kante unseren eigenen Vorstellungen entspricht. Das ist in der Wirtschaft nicht anders. Und in der Kirche wohl auch nicht. Schnell wird als harmoniesüchtig dargestellt, wer den Konsens sucht. Und wer nicht poltert, wird verdächtigt, ein Leisetreter zu sein. Also: Einspruch, Jesus! Alphatiere besitzen das Erdreich. Offenkundig.

MANCHES ALPHATIER WIRD EINFACH NUR BENUTZT. OHNE ES ZU MERKEN.

Aber besitzen sie es wirklich? Manches Alphatier wird einfach nur benutzt. Ohne es zu merken. Wird von den anderen in die erste Reihe geschickt, damit es für sie die Kohlen aus dem Feuer holt. Und wird zuweilen unbarmherzig fallen gelassen, wenn der Job erledigt ist. Oder er nicht das

Ergebnis gebracht hat, das sich die anderen vorgestellt hatten. Alphatiere werden selten geliebt. Höchstens geachtet. Und manchmal bewundert. Nein, Alphatiere besitzen die Erde nur scheinbar. Sie sind bestenfalls Besitzer auf Zeit, auf Abruf.

Was nun aber sind Sanftmütige? Zu den Synonymen für das fremd klingende Wort „Sanftmut" gehören die folgenden Begriffe: Warmherzigkeit, Gelassenheit, Gemütsruhe, Güte, Milde. Und ein Begriff, der mir besonders gut gefällt: Engelsgüte. Ich merke, wie ich anfange, mich nach solchen Menschen zu sehnen. In ihrer Nähe würde ich mich wohlfühlen. Könnte ich mich fallen lassen. Würde ich zur Ruhe kommen. Vor ihnen würde ich mein Leben ausbreiten. Von ihnen ließe ich meine Wunden verbinden. Sie würde ich um Rat fragen.

WER VON HERZEN MILDTÄTIG IST, HAT IMMER ETWAS ZU GEBEN.
Augustinus

Die Warmherzigen, die mich freundlich anschauen. Die mich ernst nehmen. Mich verstehen. Die keine schnellen Urteile fällen. Die sich nicht über meine Probleme, sondern unter sie stellen. Die Gelassenen, die nicht aus der Haut fahren, wenn etwas nicht so läuft, wie sie es sich gedacht haben. Die ihre eigenen Fehler und Schwä-

GÜTE

GEMÜTSRUHE

SANFTMUT

WARMHERZIGKEIT

ENGELSGÜTE

MILDE

chen nicht angestrengt vor sich und anderen verstecken, sondern dazu stehen. Und die darum auch meine Fehler und Schwächen ertragen können.

Die Menschen, die diese besondere Gemütsruhe ausstrahlen, und bei denen deshalb die Hektischen und Nervösen zur Ruhe kommen. Bei ihnen gibt es keine Panik. Die Gütigen, die nicht nur darauf achten, dass es ihnen selber gut geht. Die das Wohl derjenigen im Blick haben, die ihnen anvertraut sind. Die Milden, die verständnisvoll und mildtätig, also freigebig sind. Und die, die diese besondere Engelsgüte ausstrahlen. Sie sind sozusagen Filialen des Himmels. Menschen wie Engel, bei denen man zuweilen nicht weiß, ob sie direkt aus dem Himmel oder nur aus der Nachbarwohnung kommen.

DIE GIBT'S JA. MENSCHEN WIE ENGEL, BEI DENEN MAN ZUWEILEN NICHT WEISS, OB SIE DIREKT AUS DEM HIMMEL ODER NUR AUS DER NACHBARWOHNUNG KOMMEN.

BIST DU EIN ENGEL?

Bist du ein Engel oder nicht?
Du siehst nicht aus wie all die Engel aus den Büchern.
Bist du ein Engel? Eher nicht!
Denn Engel kommen meist in leuchtend weißen Tüchern.

Doch warst du da, als ich dich rief,
und was du sagst, berührt mich tief.
Du bist ein Engel! Oder wenigstens beinah.

Bist du ein Engel oder nicht?
Du kamst zu Fuß und bist nicht durch die Luft geflogen.
Bist du ein Engel? Eher nicht!
Denn mit Verlaub bist du sehr irdisch angezogen!

Doch macht dein Strahlen alles wett,
und du bist einfach himmlisch nett.
Du bist ein Engel! Oder wenigstens beinah.

Bist du ein Engel oder nicht?
Hat denn ein Engel kurzes Haar und braune Augen?
Bist du ein Engel? Eher nicht!
Denn ich seh keine Flügel, die zum Fliegen taugen.

Doch wenn du lachst, lacht auch mein Herz,
ziehn die Gedanken himmelwärts.
Du bist ein Engel! Oder wenigstens beinah.

Bist du ein Engel oder nicht?
Für mich kamst du direkt vom Himmel auf die Erde.
Bist du ein Engel? Weiß es nicht.
Weil ich nur staunen und nicht weiter fragen werde.
Du kommst von Gott, du bringst sein Licht,
mehr bringen auch die Engel nicht.
Du bist ein Engel! Oder wenigstens beinah.

Solche Menschen sind die heimlichen Besitzer des „Erdreichs“. Sind Salz der Erde. Licht der Welt. Sie sagen, was sie denken. Aber sie sagen es nicht herablassend. Sie denken, was sie sagen. Aber sie denken dabei nicht hochmütig. Sie sind Sprachrohr Gottes in dieser Welt. Aber sie sind es nicht dröhnend und polternd, sondern demütig und bescheiden. Sie sind seine helfende Hand. Aber sie machen die, denen sie helfen, dabei nicht klein. Sanftmütige sind ein kleines bisschen … wie Jesus.

GEBET

DU SIEHST,
DASS WIR IMMER WIEDER VERSUCHEN
UNS DURCHZUSETZEN, JESUS.
UNSERE WÜNSCHE, UNSERE VORSTELLUNGEN
VOM LEBEN, UNSERE INTERESSEN.
WIR WÄREN SO GERNE STARK!
UND WÜRDEN ANDERE SO GERNE UNSERE
STÄRKE SPÜREN LASSEN!
LASS UNS LERNEN VON DEINER SCHWÄCHE,
DIE STÄRKER IST ALS JEDE STÄRKE.
MACH UNS GELASSEN, GÜTIG, MILD.

SCHENK UNS DEIN HERZ!

SELIG SIND,
DIE DA HUNGERT
UND DÜRSTET
NACH DER
GERECHTIGKEIT;
DENN SIE
SOLLEN
SATT WERDEN.

Wer in Jerusalem unter einer kundigen Reiseleitung die Holocaust-Gedenkstätte Yad Vashem besucht, wird oft als Erstes in die „Allee der Gerechten“ und in den „Garten der Gerechten unter den Völkern“ geführt. Hier findet er unter Bäumen viele kleine Gedenktafeln und größere Platten, auf denen die Namen von lauter nichtjüdischen Menschen und Organisationen stehen, die während der Zeit der Nazidiktatur Juden geschützt und gerettet haben. Oskar Schindler findet man da, Berthold Beitz und die Namen von ungezählten Unbekannten. Lauter Menschen, die zum Teil unter Einsatz ihres eigenen Lebens andere vor der Deportation und der grausamen Vernichtung bewahrt haben. Die meisten von ihnen sind Polen, Niederländer und Franzosen. Die Familie der Holländerin Corrie ten Boom gehört dazu. Aber auch 476 deutsche Namen sind darunter.

„WER IMMER EIN MENSCHENLEBEN RETTET, HAT DAMIT GLEICHSAM EINE GANZE WELT GERETTET.“

Rund 24 000 Menschen werden auf diese Weise geehrt. Gerechte unter den Völkern – der Name bezieht sich auf einen Satz aus dem jüdischen Talmud: „Die Gerechten aus den Völkern haben einen Platz in der kommenden Welt.“ Wer hier geehrt wird, bekommt eine Medaille mit einem eindrucksvollen Satz

aus dem Mischna-Traktat Sanhedrin: „Wer immer ein Menschenleben rettet, hat damit gleichsam eine ganze Welt gerettet."
Direkt neben Yad Vashem liegt der kleine Ort Ein Karem, zu Deutsch: Quelle des Weinbergs. Hier erinnert eine Kirche an den, durch den buchstäblich die ganze Welt gerettet wurde: Jesus von Nazareth. Sie erinnert aber auch an die wundersame Begegnung von zwei schwangeren Frauen: Maria und Elisabeth.
Wenn man auf den Ort schaut, sieht man förmlich vor sich, was hier geschehen ist: Eine junge Frau kommt nach Ein Karem. Ihr ist passiert, was noch keiner jungen Frau vor ihr passiert ist. Sie ist schwanger mit dem Sohn Gottes. Ein Geheimnis, das sie kaum verstehen kann.
Maria, die junge Frau, braucht Abstand. Sie braucht Zeit zum Denken. Zeit zum Beten. Zeit, um all das verstehen zu können. Diese Zeit will sie bei ihrer Verwandten verbringen, bei Elisabeth, die auch schwanger ist. Genauso unerwartet schwanger. Aber im Gegensatz zu Maria hat sie sich bereits viele Jahre lang ein Kind gewünscht. Weder sie noch Zacharias, ihr Mann, hatten noch damit gerechnet, einmal Eltern zu werden. Beide waren nicht mehr die Jüngsten. Doch ein Engel hatte das Wunder aller Wunder angekündigt. Und Elisabeth war schwanger geworden.

Während Maria im Bergland Judäas unterwegs ist, formt sich in ihr ein Gebet, ein Lied. Lukas hat es in seinem Evangelium überliefert. Und es bildet den leisen Cantus Firmus seiner Erzählungen. Klingt überall mit. Scheint überall durch. Wir kennen es als das berühmte Magnifikat, nach den ersten Worten aus diesem Lied. Auf Lateinisch nämlich beginnt es so: „Magnificat anima mea dominum." Auf Deutsch: „Meine Seele preist den Herrn." Dieses Lied ist immer wieder übersetzt, immer wieder vertont worden. Es ist ja auch zu schön, zu bewegend, zu kostbar.
Ein paar Sätze aus diesem Text, aufgezeichnet im Lukasevangelium:

»Gelobt sei der Herr! Seine Barmherzigkeit gilt von Generation zu Generation allen, die ihn ehren. Sein mächtiger Arm vollbringt Wunder! Wie er die Stolzen und Hochmütigen zerstreut! Er hat Fürsten vom Thron gestürzt und niedrig Stehende erhöht. Die Hungrigen hat er mit Gutem gesättigt und die Reichen mit leeren Händen fortgeschickt. Und nun hat er seinem Diener Israel geholfen! Er hat seine Verheißung nicht vergessen, barmherzig zu sein, wie er es unseren Vorfahren – Abraham und seinen Kindern – immer verheißen hat« *(Lukas 1,46-55).*

Beinahe revolutionär klingt das. Und der Revolutionär ist Gott selbst. Er stellt die Verhältnisse, die in dieser Welt herrschen, auf den Kopf. Und rückt sie dabei zurecht. Weist Menschen den Platz zu, der ihnen zusteht. Setzt ab und richtet auf. Und stillt dabei den Hunger nach Gerechtigkeit, der wohl in jedem Menschen wohnt. Den Hunger nach Gottgerechtigkeit, Schöpfungsgerechtigkeit, Menschengerechtigkeit. Gott steht an der Spitze jeder Bewegung, die sich dafür einsetzt, dass Menschen menschengerecht leben können. Und er engagiert dafür Leute, die sich auf ihn eingelassen haben.

GOTT STELLT DIE VERHÄLTNISSE, DIE IN DIESER WELT HERRSCHEN, AUF DEN KOPF.

William Wilberforce war so einer. Von 1759 bis 1833 hat er gelebt. Wilberforce war viele Jahre britischer Parlamentarier. Berühmt wurde er durch sein Engagement gegen den Sklavenhandel und die Sklaverei. 18 lange Jahre hat er dafür gekämpft, geredet, geschrieben, gestritten. Gegen heftige Widerstände. Am 24. Februar 1807 um vier Uhr morgens endlich wurde das Gesetz gegen den Sklavenhandel nach zehnstündiger Debatte mit überwältigender Mehrheit von 283 zu 16 Stimmen angenommen. Sklavenhändler galten vor dem Gesetz fortan als Piraten. Bis dahin waren sie „ehrbare" Kaufleute gewesen.

Dieses Gesetz galt zunächst nur für das Gebiet des Britischen Königreichs. Das aber ließ Wilberforce keine Ruhe. Er kämpfte weiter. Und hatte Erfolg. Land um Land schloss sich den Briten an.

Doch noch gab es Sklaven. Menschen ohne Menschenrechte und Menschenwürde. Nun kämpfte er genauso energisch wie zuvor gegen den Handel für die völlige Abschaffung der Sklaverei. Die wurde in Großbritannien schließlich am 26. Juli 1833 besiegelt. Drei Tage vor seinem Tod.

William Wilberforce wurde in der Westminster Abbey begraben. Und damit besonders geehrt.

Sein Motiv: der Glaube an einen gerechten und liebevollen Schöpfer und an die Würde seiner Geschöpfe. Vor dem Unterhaus sagte er einmal: „Mir erschien die Verderbtheit des Sklavenhandels so enorm, so furchtbar und nicht wiedergutzumachen, dass ich mich uneingeschränkt für die Abschaffung entschieden habe. Mögen die Konsequenzen sein, wie sie wollen, ich habe für mich beschlossen, dass ich keine Ruhe geben werde, bis ich die Abschaffung des Sklavenhandels durchgesetzt habe."

Viele andere Christenmenschen auf der Welt leben und kämpfen für Gerechtigkeit. Ihre Namen sind Le-

MATILDA WREDE

WILLIAM WILBERFORCE

AUGUST-HERMANN FRANCKE

MARTIN LUTHER KING

Ihr Hunger nach Gerechtigkeit veränderte die Welt:

CORRIE TEN BOOM

MUTTER TERESA

ELISABETH VON THÜRINGEN

JIMMY CARTER

ZAHLLOSE HELDEN DES ALLTAGS

gion. Elisabeth von Thüringen, die im 13. Jahrhundert als Landgräfin ein Krankenhaus für Arme eingerichtet und alle Konventionen ihrer Zeit gesprengt hat. August-Hermann Francke, der Ende des 18. Jahrhunderts den Grundstein für eine einzigartige Einrichtung für Waisen gelegt hat. Mathilda Wrede, die als Aristokratin der skandinavische „Engel der Gefangenen“ wurde. Martin Luther King, der der wesentliche Wegbereiter für die Gleichbehandlung und Gleichberechtigung der Schwarzen in den USA war. Jimmy Carter, der bis heute in aller Welt Häuser für Arme errichten lässt. Und immer und immer wieder Mutter Teresa, der Engel von Kalkutta.

Darüber hinaus gibt es viele, viele ungenannte Heldinnen und Helden des Alltags. Sie alle hungerten zeit ihres Lebens nach der Gerechtigkeit. Und sie wurden satt. Und durch sie unzählige andere.

GEBET

WIR WÜRDEN SO OFT SO GERN EIN
BEQUEMES LEBEN FÜHREN, JESUS.
OHNE ANZUECKEN. GEGEN DEN STROM
SCHWIMMEN IST ANSTRENGEND.
KÄMPFEN TUT WEH.
LASS UNS LERNEN VON DIR.
WEIL DU FÜR UNSERE GERECHTIGKEIT
GEKÄMPFT HAST,
KÖNNEN WIR VOR GOTT BESTEHEN.
VOR DEN ANDEREN. VOR UNS SELBST.
MACH UNS ZU KÄMPFERN FÜR DIE
GERECHTIGKEIT.

SCHENK UNS DEIN HERZ!

SELIG SIND DIE BARMHERZIGEN; DENN SIE WERDEN BARMHERZIGKEIT ERLANGEN.

Wieder so ein Wort: barmherzig. Tatsächlich stammt der Begriff aus der gotischen Kirchensprache. Ist also durchaus ein paar Jahrhunderte alt. Wir kennen es – wenn wir es denn überhaupt kennen – aus biblischen Geschichten wie der vom „Barmherzigen Samariter". Heute gebrauchen wir das Wort eher selten. „Armherzig" hieß es mal. Was bedeutet: ein Herz für die Armen haben. Für die Unglücklichen. Für die Notleidenden. Die Benachteiligten. Was das konkret heißt, erklärt die Geschichte vom barmherzigen Samariter auf besonders eindrückliche Weise. Jesus hat sie sich ausgedacht. Als Illustration für das alte biblische Gebot „Du sollst deinen Nächsten lieben wie dich selbst". Und um zu zeigen, was Barmherzigkeit ist.

»Ein Mann befand sich auf der Straße von Jerusalem nach Jericho, als er von Räubern überfallen wurde. Sie raubten ihm seine Kleider und sein Geld, verprügelten ihn und ließen ihn halb tot am Straßenrand liegen. Zufällig kam ein jüdischer Priester vorbei. Doch als er den Mann dort liegen sah, wechselte er auf die andere Straßenseite und ging vorüber. Dann kam ein Tempeldiener und sah ihn ebenfalls dort liegen; doch auch er ging auf der anderen Straßenseite vorüber. Schließlich näherte sich ein

Samariter. Als er den Mann sah, empfand er tiefes Mitleid mit ihm. Er kniete sich neben ihn, behandelte seine Wunden mit Öl und Wein und verband sie. Dann hob er den Mann auf seinen eigenen Esel und brachte ihn zu einem Gasthaus, wo er ihn versorgte. Am nächsten Tag gab er dem Wirt zwei Denare und bat ihn, gut für den Mann zu sorgen. ›Sollte das Geld nicht ausreichen‹, sagte er, ›dann werde ich dir den Rest bezahlen, wenn ich das nächste Mal herkomme.‹ Wer von den dreien war nun deiner Meinung nach der Nächste für den Mann, der von Räubern überfallen wurde?«, fragte Jesus. Der Mann erwiderte: »Der, der Mitleid hatte und ihm half.« Jesus antwortete: »Ja. Nun geh und mach es genauso« *(Lukas 10,30–37).*

Merkwürdig ist, dass Jesus hier einen Protagonisten wählt, der völlig aus dem Denkraster seiner jüdischen Zuhörer fällt. Ein Samariter war einer, der in den Augen der Juden schlicht falsch lag in seinem Denken, in seinem Glauben und in seiner Lebenspraxis.
Aber hier lag einer richtig. Ganz und gar richtig. Was wieder einmal zeigt, dass Jesus den Menschen sieht und nicht die Schublade, in die ihn seine Mitmenschen gerne stecken möchten.

Die anderen, die in dieser Geschichte vorkommen, handeln ja durchaus so, wie es das jüdische Gesetz vorschreibt. Sie hätten sich rituell verunreinigt, hätten sie sich mit einem Sterbenden eingelassen. Das Gesetz des Mose stand auf ihrer Seite. Scheinbar.
Denn das Gesetz ist das eine. Das andere ist die Liebe. Jesus sagt: Du kannst dich scheinbar gesetzeskonform verhalten und trotzdem das Gesetz brechen. Das Grundgesetz Gottes nämlich lautet: Liebe deinen Nächsten wie dich selbst. Das hat Jesus gelehrt. Das hat er gelebt. Und sich damit immer wieder das Missfallen der frommen Leute seiner Zeit zugezogen.
Barmherzigkeit ist also so etwas wie ein Synonym für Liebe. Paulus greift das in seinem Brief an die Christen in Korinth auf. Das berühmte 13. Kapitel ist das „Hohelied der Liebe".

Wenn ich in den Sprachen der Welt oder mit Engelszungen reden könnte, aber keine Liebe hätte, wäre mein Reden nur sinnloser Lärm wie ein dröhnender Gong oder eine klingende Schelle. Wenn ich die Gabe der Prophetie hätte und wüsste alle Geheimnisse und hätte jede Erkenntnis und wenn ich einen Glauben hätte, der Berge versetzen könnte, aber keine Liebe hätte, so wäre ich nichts. Wenn

ich alles, was ich besitze, den Armen geben und sogar meinen Körper opfern würde, damit ich geehrt würde, aber keine Liebe hätte, wäre alles wertlos. Die Liebe ist geduldig und freundlich. Sie ist nicht neidisch oder überheblich, stolz oder anstößig. Die Liebe ist nicht selbstsüchtig. Sie lässt sich nicht reizen, und wenn man ihr Böses tut, trägt sie es nicht nach. Sie freut sich niemals über Ungerechtigkeit, sondern sie freut sich immer an der Wahrheit. Die Liebe erträgt alles, verliert nie den Glauben, bewahrt stets die Hoffnung und bleibt bestehen, was auch geschieht. Die Liebe wird niemals aufhören, selbst wenn Prophetie, das Reden in unbekannten Sprachen und die Erkenntnis vergehen werden. Jetzt erkennen wir nur wenig, und auch unser prophetisches Reden offenbart nur wenig! Doch wenn am Ende das Vollkommene erscheint, wird das wenige aufhören. Als ich ein Kind war, redete und dachte und urteilte ich wie ein Kind. Doch als ich erwachsen wurde, legte ich das Kindliche ab. Jetzt sehen wir die Dinge noch unvollkommen, wie in einem trüben Spiegel, dann aber werden wir alles in völliger Klarheit erkennen. Alles, was ich jetzt weiß, ist unvollständig; dann aber werde ich alles erkennen, so wie Gott mich jetzt schon kennt *(1. Korinther 13,1-12).*

Diese Liebe ist nicht von dieser Welt. Und wir müssten alle miteinander sagen: Diese Liebe gibt es gar nicht, wenn Jesus sie nicht gelebt hätte. Im Grunde kann man in diesem Text überall da, wo „die Liebe" steht, „Jesus" einsetzen. Jesus ist die Liebe. Die menschgewordene Liebe Gottes. Er ist die Barmherzigkeit. Die menschgewordene Barmherzigkeit Gottes. Wie der Samariter in seiner eigenen Geschichte hat er ein Herz für die Armen, die Unglücklichen, die Notleidenden, die Benachteiligten dieser Welt. Ein Herz. Nicht ein Programm. Auf das Herz kommt es an. Mit Programmen allein werden wir irgendwann scheitern.

JESUS IST DIE LIEBE. DIE MENSCHGEWORDENE LIEBE GOTTES. ER IST DIE BARMHERZIGKEIT. DIE MENSCHGEWORDENE BARMHERZIGKEIT GOTTES.

Jesus will das Herz der Menschen verändern, indem er sie in sein Herz schauen lässt. Indem er ihnen sein Herz schenkt. Wer seine Barmherzigkeit erlebt hat und immer neu erlebt, wird allmählich zu einem Menschen, der diese Barmherzigkeit selbst lebt. Er muss sie sich nicht vornehmen. Sie ist in ihm drin. In seinen Gedanken und Gefühlen. In seinem Herzen.

Die vielleicht schönste Geschichte des Neuen Testaments drückt das auf unnachahmliche Weise aus:

Ein reicher Mann hat zwei Söhne. Der jüngere lässt sich eines Tages seinen Anteil am Erbe auszahlen und zieht in die weite Welt. Das ist nicht nur einfach ein Auszug, es ist ein Abschied für immer. Wer sich seinen Anteil am Erbe auszahlen lässt, bricht mit dem Vater. Er sagt damit: „Ich wünschte, du wärest tot!"
Draußen beginnt das große Leben. „Money makes the world go round." Doch irgendwann ist Ebbe in der Kasse. Und die gekauften Freunde machen sich aus dem Staub. Immer tiefer rutscht der Sohn, bis zu den Schweinen. Die galten für Juden als kultisch unrein. Tiefer kann man nicht sinken. Er hat Hunger. Und Heimweh. Erinnerungen brechen auf. Und er entschließt sich zur Heimkehr. Ängstlich. Überlegt sich tausendmal, was er sagen wird. „Ich kann nicht mehr dein Sohn sein, klar. Aber vielleicht hast du Arbeit für mich?"
Er kündigt seinen Schweinejob und macht sich auf den Heimweg. Ein weiter Weg ist das. Als er kurz vor dem Ziel angekommen ist, zuckt er zusammen: Da am Horizont steht sein Vater. Wartend. Wie lange wohl schon? Als er seinen Sohn erblickt, rennt er ihm entgegen, küsst und umarmt ihn, schiebt ihm den Familienring auf den Finger, lässt ihn baden und neu einkleiden und veranstaltet ein rauschendes Fest für ihn. Für den heimgekehrten, verlorenen Sohn. Und das Leben beginnt von vorn.

Als wäre nie etwas gewesen. Ein wunderschönes Happy End – wäre da nicht noch einer, der ältere Sohn. Als der von der Sache hört, ist er sauer. Und macht dem Vater bittere Vorwürfe. Wie kann er nur diesen abgerissenen Hallodri mit solchen Ehren wieder aufnehmen! Barmherzigkeit kann ausgesprochen ärgerlich sein. Doch der Vater versucht auch ihn, den Älteren, in den Arm zu nehmen. „Warum ärgerst du dich? Freu dich doch mit! Feier doch mit! Dein Bruder war tot, und er lebt wieder! Wir sind wieder komplett!"

BARMHERZIGKEIT KANN AUSGESPROCHEN ÄRGERLICH SEIN.

Wie der Sohn reagiert, bleibt offen. Die Geschichte heißt bei Lukas „Der verlorene Sohn". Schon früh haben Ausleger darauf hingewiesen, dass sie eigentlich „Die zwei verlorenen Söhne" heißen müsste …

Was Jesus hier beschreibt, ist die Geschichte Gottes mit uns Menschen. Mit uns. Es ist meine Geschichte. Denn immer wieder bin ich der jüngere Sohn. Breche aus und breche ein. „Manchmal möcht' ich einfach gehn, ohne dich zuvor zu fragen. Manchmal möcht' ich schlicht vergessen, dass du lebst ...", habe ich einmal in einem Lied geschrieben.

Manchmal bin ich aber auch der Sohn, der zu Hause geblieben ist. Ich bin fromm, solange ich denken kann.

Aber bin ich dabei auch immer froh? Andere durften immer, was ich nicht durfte. Und die Frage bohrt: Habe ich am Ende das große Leben verpasst?

Das Ergebnis ist eine eigenartige Gemengelage aus Bitterkeit, Überheblichkeit und Hartherzigkeit. Wie beim Pharisäer im Tempel, den wir in einem der vorigen Kapitel betrachtet haben.

Aber was ist die Antwort? Auch ausbrechen? Nein! Umkehren! Auch der zweite Sohn muss umkehren. Zurück zum Vater kommen, sich in den Arm nehmen lassen, sich vergeben lassen. Vielleicht heulen über die eigene Undankbarkeit, Lieblosigkeit und Bitterkeit. Und das Fest mitfeiern.

Jesus will mit dieser Geschichte noch etwas anderes sagen: Am Ende sollen und dürfen die heimgekehrten Söhne und Töchter Gottes wie der Vater werden. Geduldig und barmherzig wie er. Das kann schon im Umgang mit den eigenen Kindern beginnen. Ein Kollege erzählt zuweilen von seinem Vater, der immer wieder zu ihm gesagt hat: „Egal, was ist, Junge. Komm nach Hause!“

„EGAL, WAS IST, JUNGE. KOMM NACH HAUSE!“

Ich will einer sein, zu dem andere nach Hause kommen können. Wie der Vater werden heißt dann auch, Menschen loszulassen, gehen zu lassen. Aber die Tür angelehnt lassen. Und im Hof brennt Licht.

Die Kirchengeschichte ist voll von Christen, die solche Väter und Mütter geworden sind. Die Kirchengeschichte. Und vielleicht auch unsere eigene Lebens- und Glaubensgeschichte.

Stephen Boakye-Yiadom war so einer. Der ERF hat ihn vor vielen Jahren nach Afrika geschickt, um dort eine christliche Medienarbeit zu beginnen. Am Ende seines Lebens war er Direktor von Trans World Radio Afrika. In seiner Zeit in Nairobi, wo alles begann, begegnete ihm einmal einer, der im Gefängnis zum Glauben an Jesus gekommen war: Mose Mwina. Zwölfmal hatte er insgesamt gesessen. Wegen immer schlimmerer Delikte. Er war ein hoffnungsloser Fall gewesen. Für die Gesellschaft, für die Polizei, für sich selbst.

Doch im Knast war er auf einen christlichen Radiosender gestoßen. Und hatte immer wieder von dem Vater im Himmel gehört, der eine offene Tür für verlorene Söhne und Töchter hat.

Zu diesem Vater war er gegangen. Und hatte ein neues Leben begonnen. Zurück in der Freiheit hatte er eine christliche Gemeinde gesucht. Die neuen Glaubensschwestern und -brüder aber hielten Abstand, als sie erfuhren, wo er herkam. Stephen nicht. Der lud ihn ein.

Der lieh ihm sogar sein Auto. Was Mose Mwina bis heute beeindruckt. Er hatte den barmherzigen Vater im Himmel gefunden. Und nun hatte er endlich auch einen barmherzigen Vater auf Erden.

IM GRUNDE GEHT ES BEI ALLEN SELIGPREISUNGEN VOR ALLEM UM BARMHERZIGKEIT. ALSO DARUM, EIN HERZ FÜR DIE ARMEN ZU HABEN. FÜR DIE UNGLÜCKLICHEN. FÜR DIE NOTLEIDENDEN. DIE BENACHTEILIGTEN.

Mose Mwina leitet heute ein christliches Waisenhaus. Und ist damit selbst zu einem Vater für ungezählte Kinder geworden. Die Kettenreaktion der Barmherzigkeit.

Ich weiß, dieses Kapitel ist ein bisschen länger geworden als die anderen. Es behandelt aber auch die zentrale Seligpreisung, die in der Mitte aller anderen steht. Denn im Grunde geht es bei allen Seligpreisungen vor allem um Barmherzigkeit. Also darum, ein Herz für die Armen zu haben. Für die Unglücklichen. Für die Notleidenden. Die Benachteiligten. Weil unser Vater im Himmel ein Herz für uns hat.

SO KOMM ICH ZU DIR

Da bin ich: verschwitzt und verbogen.
Verdreckt und verschreckt und verheult.
Ausgebrannt, leer und betrogen.
Die Seele zerschrammt und verbeult.

So komm ich zu dir, komm ich zu dir,
so komm ich zu dir guter Gott, lieber Vater, mein Freund.

Bin rastlos und ratlos und müde,
die Hoffnung verspielt und vergeigt.
Ciao und Ade Seelenfriede –
was in mir gesungen hat, schweigt.

So komm ich zu dir, komm ich zu dir,
so komm ich zu dir guter Gott, lieber Vater, mein Freund.

Mit offenen Augen und Ohren,
wie einer, der wirklich versteht.
Zum Helfen und Heilen geboren:
der eine, der nie wieder geht.

So kommst du zu mir, kommst du zu mir,
so kommst du zu mir guter Gott, lieber Jesus, mein Freund.

GEBET

WIR STAUNEN ÜBER
DEINE BARMHERZIGKEIT, JESUS,
DIE DIE BARMHERZIGKEIT DES VATERS
IM HIMMEL SPIEGELT,
UND ERSCHRECKEN IMMER WIEDER
VOR UNSERER EIGENEN HARTHERZIGKEIT.
MACH UNS ZU BARMHERZIGEN MENSCHEN.
MACH UNS ZU MÜTTERN UND VÄTERN,
DIE MAß NEHMEN AN DIR.

SCHENK UNS DEIN HERZ!

SELIG SIND, DIE REINEN HERZENS SIND; DENN SIE WERDEN GOTT SCHAUEN.

Wir wohnten im 3. Stock, damals als ich 15 oder 16 war und ich meine Füße noch unter Papas Tisch streckte. Unsere Wohnung heizten wir mit Kohleöfen. Die Kohlen waren im Keller, also vier Stockwerke unter uns. Es gab natürlich mehrere Kohleöfen und ihr Hunger schien unersättlich. Sah ich ein oder zwei leere Kohlenschütten vor der Wohnungstür stehen, wusste ich, was die Stunde geschlagen hatte. Manchmal versuchte ich mich heimlich an ihnen vorbeizuschleichen. Denn noch ein Stockwert weiter oben, also im 4. Stock, war meine Bude. Irgendwann dann aber drang die Stimme meiner Mutter durch die Musik der Beatles und der Kinks, die ich vorsorglich schon ein bisschen lauter gestellt hatte. „Holste bitte mal Kohlen rauf?“ Ein paar Minuten lang versuchte ich, diese unangenehme Aufforderung zu überhören. Schließlich aber stand sie bei mir im Zimmer. „Hörst du nicht?“ Natürlich hatte ich gehört, aber ich wollte nicht hören. „Kann das nicht mal jemand anders machen?“, maulte ich. Aber wer außer mir hätte das schon machen können? Mein Bruder war zu klein, mein Vater im Büro und meine Mutter – na ja, so ein bisschen was von einem Kavalier hatte man mir dann doch anerzogen. So ließ ich mich also erweichen, nahm die beiden leeren

„UND DU WILLST CHRIST SEIN?“

Kohlenschütten, stiefelte fünf Stockwerke nach unten in den kalten und ein bisschen unheimlichen Keller, füllte die Kohlenschütten auf, machte mir dabei Finger und Hemd schmutzig und schleppte das Ganze missmutig wieder nach oben. Hin und wieder traf ich unterwegs meinen Vater. Der kam gerade vom Büro zurück. Ich setzte ein Gesicht auf, das ihm deutlich machen sollte, welch unwürdige Tätigkeit ich hier wieder einmal zum Wohl der Familie verrichtete. Zur Verstärkung murmelte ich noch ein ärgerliches: „Immer muss ich die blöden Kohlen aus dem Keller holen." Manchmal lächelte mein Vater dazu. Manchmal ärgerte er sich. Und einmal sagte er einen Satz, der mich die nächsten Wochen immer wieder beschäftigen sollte, nämlich: „Und du willst Christ sein?"

Das saß. Ich ging zum CVJM, war dort Mitarbeiter. Ich ging sonntags zur Kirche. Ich beschäftigte mich mit der Bibel. Ich betete. Das alles war meinen Eltern damals noch ein bisschen fremd. Ihr Sohn war Christ, ok. Aber wenn das schon so war, dann sollte er sich bitteschön auch entsprechend benehmen und die Kohlen aus dem Keller holen, ohne eine Fleppe zu ziehen.

„Und du willst Christ sein?"

Den Satz bekam ich immer wieder einmal um die Ohren gehauen, auch von Klassenkameraden. „Komisch", dachte ich zuweilen, „jeder scheint ganz genau zu wissen, was ein Christ ist, wie er sich zu benehmen hat, was er zu tun und zu lassen hat." Ein Christ – das war für sie offensichtlich einer, der immer gut gelaunt war, hilfsbereit und engagiert, ehrlich und anständig. Einer ohne egoistische Hintergedanken, mit einem durch und durch reinen Herzen. Und mit einer sauberen Weste.

CHRISTEN HABEN KEIN REINES HERZ. SO WENIG WIE ANDERE LEUTE. ABER SIE KRIEGEN EINS.

Dabei kannte ich mein Herz.

Manchmal, ich geb's ja zu, durchzuckte mich der Gedanke: „Ich will kein Christ mehr sein. Ich schaff das nicht. Die Erwartungen sind zu groß."

Ich habe es nicht gelassen damals, bis heute nicht gelassen, nicht zuletzt deswegen, weil mir irgendwann klar wurde, dass das Christsein im Grunde etwas ganz anderes ist, als ein guter Mensch sein zu wollen.

Einer meiner Freunde hat mir damals einen Satz gesagt, der alles auf den Kopf stellte, nämlich: „Christen sind nicht besser, Christen haben es besser." Man könnte auch sagen: Christen haben kein reines Herz. So wenig wie andere Leute. Aber sie kriegen eins. Immer wieder.

Wie David zum Beispiel. Das Alte Testament erzählt von ihm. David war der Sohn eines Viehzüchters, aber er

sollte der zweite König des Volkes Israel werden. David war ein Liederdichter. Viele der Psalmen stammen aus seiner Feder. Ein Politiker also und ein Künstler. Eine eigenwillige Kombination.
Als König residierte David in Jerusalem, der Hauptstadt seines Reiches. Er hatte alles, was man als König zu haben hat: Macht, Reichtum und Menschen, über die er verfügen konnte. David war verheiratet. Eines Tages aber sah er vom Dach seines Palastes, wie sich in der Nachbarschaft eine schöne junge Frau rituell wusch. David war wie vom Donner gerührt. „Die muss ich haben“, schoss es durch seinen Kopf. Kein Problem. Er war der König. Die Frau hatte zu kommen und er schlief mit ihr. Sie wurde schwanger. Auch das wäre kein Problem gewesen, wenn, ja wenn die Frau nicht auch verheiratet gewesen wäre. David hatte Ehebruch begangen und den hatte der Gott, an den David glaubte, strikt verboten.
Was tun? David dachte sich eine List aus. Der Mann seiner Geliebten war Soldat und gerade in einen Krieg mit einem der Nachbarvölker verwickelt. David, ganz der großzügige König, gewährte ihm ein Wochenende Heimaturlaub – für besondere Verdienste sozusagen. Der gehörnte Ehemann kam. Trotzdem ging die Rechnung nicht auf. „Ich kann nicht bei meiner Frau schlafen, wenn meine Kameraden im Staub liegen“, sag-

te er und übernachtete im Freien, worauf David einen Schritt weiterging. Er versetzte den Soldaten in die erste Kampfreihe – ein beinahe sicheres Todesurteil. Diesmal ging der Plan auf. Der Soldat wurde erschlagen. Die Frau gehörte endgültig ihm. Niemand würde etwas merken.

Das ging gut, solange es gut ging. Eines Tages nämlich kam ein weiser Mann zu David, ein Prophet. Gott hatte ihn geschickt. Dieser Prophet erzählte dem König eine typisch orientalische Geschichte. Ein reicher Mann kam in dieser Geschichte vor, einer, der eine große Herde besaß, und ein armer Mann, der nur ein einziges Schaf hatte. Nun, so erzählte der weise Mann, bekam der Reiche eines Tages Besuch. Da musste er schon einen ordentlichen Braten auftischen. Die Tiere seiner eigenen Herde aber wollte er dafür nicht antasten, daher ließ er das einzige Schaf des armen Mannes holen. Als reicher Mann hatte er das Recht dazu. Dieses Schaf ließ er schlachten, zubereiten und servieren, worauf der arme Mann vor Kummer starb. Ende der Geschichte des Propheten.

RUHELOS IST UNSER HERZ, BIS ES RUHE FINDET IN DIR.
Augustinus

David war außer sich vor Zorn. Sollte das in seinem Reich passiert sein, dann wüsste er, was er mit dem reichen Mann zu tun hätte. Als König war er auch der

oberste Richter. Eine solche bodenlose Gemeinheit konnte er nicht dulden. „Sag mir den Namen des Mannes, Prophet!“, tobte er. Nach einer kleinen Pause kam die Antwort:
„Du bist der Mann.“
Davids Verteidigungswälle brachen augenblicklich zusammen, denn er wusste, dass das nicht nur das Wort eines Menschen war, sondern das Wort Gottes. Seine Schuld, die er monatelang versteckt hatte, vor sich selbst, vor anderen Menschen und vor Gott, diese Schuld war brutal ans Tageslicht gezerrt worden. Es gab keine Ausrede mehr, keine Entschuldigung.
In dieser Gemütsverfassung schrieb David einen Psalm. Die Bibel führt ihn als Psalm 51 auf. Ein paar Sätze daraus:

Gott, sei mir gnädig um deiner Gnade willen und vergib mir meine Sünden nach deiner großen Barmherzigkeit. Wasche mich rein von meiner Schuld und reinige mich von meiner Sünde. Denn ich bekenne meine Sünde, die mich Tag und Nacht verfolgt. Gegen dich allein habe ich gesündigt und getan, was in deinen Augen böse ist. Darum wirst du Recht behalten mit dem, was du sagst, und dein Urteil über mich ist gerecht. Denn ich war ein Sünder – von

dem Augenblick an, da meine Mutter mich empfing. Dir gefällt ein Herz, das wahrhaftig ist; und im Verborgenen lehrst du mich deine Weisheit. Wasche von mir ab meine Sünden, und ich werde ganz rein werden; wasche mich, und ich werde weißer sein als Schnee. Gib mir meine Freude zurück und lass mich wieder fröhlich werden, denn du hast mich zerbrochen. Sieh meine Sünde nicht mehr an und vergib mir meine Schuld. Gott, erschaffe in mir ein reines Herz und gib mir einen neuen, aufrichtigen Geist. Verstoße mich nicht aus deiner Gegenwart und nimm deinen Heiligen Geist nicht von mir. Lass mich durch deine Hilfe wieder Freude erfahren und mach mich bereit, dir zu gehorchen *(Psalm 51,3-14).*

Das alles sagte David seinem Gott, und er sagte es dem Propheten, den Gott ihm geschickt hatte. Und der richtete ihm von Gott aus: „Der Herr hat dir vergeben. Du wirst nicht sterben. Doch wegen deiner Tat spotten die Feinde Gottes noch mehr über dich. Darum muss der Sohn, den die Frau dir geboren hat, sterben." So geschah's. Doch wenig später bekam die Frau wieder einen Sohn von David, dessen Namen kennen Sie vielleicht. Er würde viele Jahre später die Nachfolge Davids auf den Thron antreten: Salomo.

Eine eindrucksvolle Geschichte aus dem Alten Testament. Sie zeigt: Auch Menschen, die an Gott glauben, haben nicht ganz selbstverständlich ein reines Herz. Sie werden schuldig. Wenn Sie die Bibel einmal durchlesen, werden Sie jede Menge Davids entdecken …
Die Bibel will nicht von guten Menschen erzählen. Sie erzählt von einem guten Gott. Von einem grenzenlos guten Gott. Einem „Backofen voller Liebe", wie Martin Luther das einmal ausgedrückt hat. Das muss man wohl sein, wenn man sich auf diese Menschen einlässt. Auf uns. Auf mich.

DIE BIBEL WILL NICHT VON GUTEN MENSCHEN ERZÄHLEN. SIE ERZÄHLT VON EINEM GUTEN GOTT.

Wir werden Gott nicht gerecht. Nie. Seinen Ansprüchen an uns. Unser Herz ist nicht rein. Darum droht uns die Todesstrafe. Und Gott vollstreckt sie. An sich selbst. An seinem Sohn.
Wer sich darauf beruft, sich darauf verlässt, wird freigesprochen. Ist fortan unschuldig wie ein neugeborenes Kind mit einem reinen Herzen.
Die Bibel sagt, dass Christus stellvertretend für die Schuld der ganzen Welt gestorben ist, auch für meine. Dass sich der Zorn Gottes auf ihm entladen hat, auf seinem Sohn, damit ich, damit wir, damit Menschen wie

David und Millionen andere straffrei ausgehen können. Wir Menschen haben kein reines Herz. Wir bekommen es. Geschenkt. Von Gott. Durch Christus. Ein Herz wird rein, wenn es sich von ihm reinwaschen lässt. Immer wieder. Ein solches Herz bekommt Augen. Augen des Herzens. Diese sehen die Menschen in ihrer Umgebung in einem neuen Licht. Und sie sehen, dass Gott nicht länger ihr Richter ist, sondern ihr Vater.

EIN HERZ WIRD REIN, WENN ES SICH VON IHM REINWASCHEN LÄSST. IMMER WIEDER.

GEBET

FRÜHER, JESUS,
HABEN WIR MANCHMAL GEBETET:
„LIEBER GOTT, MEIN HERZ IST REIN.
SOLL NIEMAND DRIN WOHNEN
ALS JESUS ALLEIN."
HEUTE WISSEN WIR:
UNSER HERZ IST MEIST ALLES ANDERE ALS
REIN. UND STAUNEN, DASS DU TROTZDEM
DARIN WOHNEN WILLST.
UND SELBST MIT DEM BEGINNST,
WOZU WIR DOCH NICHT WIRKLICH
IN DER LAGE SIND: DEM GROSSREINEMACHEN.
SO BIST DU. UNGLAUBLICH
LIEBEVOLL UND BARMHERZIG.
DER CHANCENGEBER FÜR UNSER LEBEN.

SCHENK UNS DEIN HERZ!

SELIG SIND DIE FRIEDFERTIGEN; DENN SIE WERDEN GOTTES KINDER HEISSEN.

Ein israelischer Schriftsteller berichtete vor einiger Zeit von einer Fahrt mit einem arabischen Taxifahrer. „Schalten Sie doch mal die Nachrichten ein!“, bat der Israeli den Araber. Und dann kam die grausame Nachricht: Palästinenser hatten zwei israelische Reservesoldaten gelyncht. Daraufhin hatte die Armee Raketen auf Ramallah abgefeuert.

Der Taxifahrer hielt mit kreischenden Bremsen am Straßenrand und rang die Hände. Mit Tränen der Wut und der Verzweiflung schrie er: „Ich hasse beide! Wie kann man nur so etwas tun? Soldaten lynchen! Und wie kann man darauf mit Raketen antworten, die andere Unschuldige umbringen?“

WAS WIR HIER UND ANDERSWO TÄGLICH ERLEBEN, NENNT MAN ESKALATION, DIE „STUFENWEISE STEIGERUNG VON GEWALT UND TERROR“.

„Wie du mir, so ich dir“ – im Nahen Osten ist das tägliche Realität. Nur, dass jeder noch eins draufsetzt.

Was wir hier und anderswo täglich erleben, nennt man Eskalation, die „stufenweise Steigerung von Gewalt und Terror“.

Eigentlich beginnt das schon im Sandkasten:

„Machst du meinen Sandkuchen kaputt, mache ich dein Förmchen kaputt!“ „Machst du mein Förmchen kaputt, mache ich deinen Lastwagen kaputt!" „Machst du meinen Lastwagen kaputt, rufe ich meinen großen Bruder, und der macht dich kaputt!" Überall das gleiche Bild: Wie du mir, so ich dir. Plus Zugabe, plus Nachschlag. Mancher beruft sich dabei auf die Bibel. Im Nahen Osten liegt das ja auch nahe: „Auge um Auge, Zahn um Zahn", heißt ein altes göttliches Gebot aus dem 2. Buch Mose, Kapitel 21, Vers 24.

JE BESSER MAN EINANDER KENNT, DESTO GEZIELTER KANN MAN ZUSCHLAGEN. MAN WEISS SCHLIESSLICH, WO'S DEM GEGNER BESONDERS WEHTUT.

Aber wir müssen genau hinschauen: Dieser Satz gehört zur Rechtsordnung für das Volk Israel in der Wüste und im gelobten Land. Es geht, natürlich, um Streitigkeiten. Was hier zunächst brutal klingt, ist in Wirklichkeit eine Schutzverordnung, die die Rache in Maßen hält. Denn normalerweise schlägt einer, dem ein Zahn ausgeschlagen wurde, seinem Gegner gleich das ganze Gebiss raus.

Wobei das die Feineren, die Kultivierteren unter uns mit Worten erledigen. Ein Wort gibt das andere, ein böses Schimpfwort ein noch böseres, eine gemeine Unterstellung eine noch gemeinere. Je besser man einander kennt, desto gezielter kann man zuschlagen. Man weiß schließlich, wo's dem Gegner besonders wehtut.

Mancher Rosenkrieg kann es da mit den militärischen Auseinandersetzungen unserer Zeit glatt aufnehmen.
Warum sind wir Menschen eigentlich so? Und offenbar auch die Christen? Warum liegt uns die Rache so viel näher als die Versöhnung? Warum müssen wir immer als Sieger den Ring verlassen, besonders wir Männer? Warum weiß sich offenbar auch die Bibel nur mit Notverordnungen zu helfen?
Das ist eine der ältesten Fragen der Welt.
Die Bibel gibt vorsichtige Hinweise: Wir Menschen sind nicht gut, denn wir haben Gott verloren, sagt sie. Wir leben in der Vorhölle, weil wir es in seinem Paradies nicht ausgehalten haben. Bei Gott galten und gelten andere Regeln. Zum Beispiel: „Du sollst deinen Nächsten lieben wie dich selbst!" Was übrigens schon im Alten Testament steht: im 3. Buch Mose, Kapitel 19, Vers 18. Und Jesus formuliert als Goldene Regel für unser Zusammenleben den weisen Satz (Matthäus 7,12):

»Geht so mit anderen um,
wie die anderen mit euch umgehen sollen.«

Ein frommer Spruch?
Theoretisch super, praktisch nicht zu gebrauchen? Jesus lebt diesen Satz. Ich sehe ihn in dieser Welt. Sehe, wie

er mit Menschen umgeht. Wie er hilft und heilt, wie er ganz für andere da ist, für die Fernen und für die Nahen, wie er der ehrenwerten Gesellschaft der Jünger die Füße wäscht.

Ich sehe, wie sie ihn ans Kreuz nageln, weil er den Menschen nicht ins Konzept passt. Sehe, wie sie ihn auslachen und anspucken. Und ich höre ihn stöhnen: „Vater, vergib ihnen, denn sie wissen nicht, was sie tun!" Seine allzu menschlichen Anhänger hatten ihm etwas anderes geraten: „Schlag zurück! Mach sie alle! Du hast die Macht dazu." Doch Jesus durchbricht die Spirale der Gewalt. Setzt Liebe gegen Hass. Versöhnung gegen Vergeltung. Das tut er bis heute. Bei mir. Bei uns.

Am Anfang steht seine Liebe. Und mit der will er uns zu Menschen der Liebe und der Versöhnung machen.

Und die gibt es. Auch im Nahen Osten. Eine kleine Organisation nennt sich „Musallaha", das ist das arabische Wort für Versöhnung. Musallaha veranstaltet regelmäßig gemeinsame Wüstencamps für Israelis und Palästinenser. Da lernen sich junge Leute kennen, die bisher in ge-

JESUS DURCHBRICHT DIE SPIRALE DER GEWALT. SETZT LIEBE GEGEN HASS. VERSÖHNUNG GEGEN VERGELTUNG. DAS TUT ER BIS HEUTE. BEI MIR. BEI UNS.

trennten Welten gelebt haben. Da sind sie aufeinander angewiesen. Da müssen sie einander helfen und beistehen. So entstehen Freundschaften. Und so ganz nebenbei erfahren sie etwas von Jesus von Nazareth, der hier gelebt und gelehrt hat. Das alles ist klein und bescheiden und zerbrechlich. Aber so kommt sie wohl immer in diese Welt, die Liebe.

In den USA gibt es die Organisation „Break the cycle“ (Durchbrich den Teufelskreis), ein christliches Programm gegen die Gewalt an Schulen. Die Mitarbeiter predigen und leben Vergebung statt Vergeltung.

In Ruanda gibt es christliche Versöhnungsprogramme für verfeindete Stämme. In Mosambik lernen Jugendliche, die bisher nur den Krieg kennen, wie sie aus Waffen Kunstgegenstände herstellen können.

DAS NEUE LEBENSMOTTO LAUTET: WIE GOTT MIR, SO ICH DIR!

Gott vergibt seinen Menschen. Nun müssen Menschen lernen, auch anderen Menschen zu vergeben. Es gilt nicht länger: Wie du mir, so ich dir! Das neue Lebensmotto lautet:

Wie Gott mir, so ich dir!

Geht das? Nur mit ihm, mit seiner Hilfe, seiner Kraft.

Corrie ten Boom, die holländische Christin, die im KZ gesessen und dort die meisten Mitglieder ihrer Familie

verloren hatte, erzählte einmal, dass nach einer Veranstaltung ein Mann auf sie zukam. Sie erkannte ihn sofort. Er hatte ihre Schwester im KZ besonders brutal gequält. Er streckte ihr die Hand entgegen:
„Liebe Frau ten Boom, Gott hat mir vergeben, ich bin ein neuer Mensch geworden. Nun bitte ich Sie, mir auch zu vergeben!"
Corrie ten Boom schreibt, dass sie ihm nicht die Hand geben konnte, ihr Arm wäre wie festgenagelt an ihrem Oberschenkel gewesen. Doch auf einmal hätte sie das eigenartige Gefühl gehabt, die Liebe Gottes würde durch ihren Arm strömen. Und sie hätte seine Hand genommen.

ES MUSS NICHT ALLES BLEIBEN WIE ES IST, IN MEINEN PERSÖNLICHEN BEZIEHUNGEN NICHT UND NICHT IN DER WELT. ALLES KANN ANDERS WERDEN.

Selig sind die Friedfertigen …
Es muss nicht alles bleiben wie es ist, in meinen persönlichen Beziehungen nicht und nicht in der Welt. Alles kann anders werden. Gott hat alle Voraussetzungen geschaffen. Er ist unser Vater geworden. Wir sind seine Kinder geworden. Wir gehören auf ewig zusammen, sind eine Familie.
An den Kindern kann man häufig ablesen, wie die Eltern sind. Wie sie leben. Was ihnen wichtig ist und was

nicht. An den Kindern Gottes soll man nicht nur, nein, man wird ablesen können, wie der Vater ist. Der Vater des Friedens. Der Vergebung. Der Versöhnung.
Umgekehrt: Wer sich auf diesen Gott beruft, wer ihn seinen Vater nennt, der kann gar nicht anders, er muss ein friedfertiger Mensch werden. Und wenn er's ist, wird er ein Kind Gottes genannt werden.

GEBET

VERGELTUNG LIEGT UNS ALLEMAL NÄHER
ALS VERGEBUNG, JESUS.
IMMER MEINEN WIR, WIR MÜSSTEN
VERGELTEN, WAS UNS ANGETAN WURDE.
DU KENNST DEN SPEICHER MIT DEN
UNBEZAHLTEN RECHNUNGEN,
DEN WIR IN UNSERER SEELE ANGELEGT
HABEN. DOCH MANCHMAL BRECHEN WIR
UNTER DEM ZUSAMMEN,
WAS WIR ANDEREN NACHTRAGEN.
MACH UNS FREI.
MACH UNS ZU MENSCHEN DER VERSÖHNUNG.

SCHENK UNS DEIN HERZ!

WIE EIN FEST NACH LANGER TRAUER

(So ist Versöhnung)

Wie ein Fest nach langer Trauer,
wie ein Feuer in der Nacht,
ein off'nes Tor in einer Mauer,
für die Sonne aufgemacht.
Wie ein Brief nach langem Schweigen,
wie ein unverhoffter Gruß,
wie ein Blatt an toten Zweigen,
ein „Ich-mag-dich-trotzdem-Kuss".

So ist Versöhnung.
So muss der wahre Friede sein.
So ist Versöhnung.
So ist Vergeben und Verzeih'n.

Wie ein Regen in der Wüste,
frischer Tau auf dürrem Land.
Heimatklänge für Vermisste,
alte Feinde, Hand in Hand.

Wie ein Schlüssel im Gefängnis,
wie in Seenot „Land in Sicht",
wie ein Weg aus der Bedrängnis,
wie ein strahlendes Gesicht.

So ist Versöhnung.
So muss der wahre Friede sein.
So ist Versöhnung.
So ist Vergeben und Verzeih'n.

Wie ein Wort von toten Lippen,
wie ein Blick der Hoffnung weckt,
wie ein Licht auf steilen Klippen,
wie ein Erdteil, neu entdeckt.
Wie der Frühling, wie der Morgen,
wie ein Lied, wie ein Gedicht,
wie das Leben, wie die Liebe,
wie Gott selbst, das wahre Licht.

So ist Versöhnung.
So muss der wahre Friede sein.
So ist Versöhnung.
So ist Vergeben und Verzeih'n.

SELIG SIND, DIE UM DER GERECHTIGKEIT WILLEN VERFOLGT WERDEN; DENN IHRER IST DAS HIMMELREICH.

„Die Herren dieser Welt gehen. Unser Herr kommt." So hat das der frühere Bundespräsident Gustav Heinemann einmal gesagt. Ein kluger Satz, der Menschen an die Grenzen ihrer Macht und ihres Einflusses erinnert.
Ich denke an das Gebet eines alten Mannes, der nach der Wahl eines neuen Oberbürgermeisters im Gottesdienst laut betete: „Herr, du weißt, auch Fürsten sind vom Weibe geboren ..."
Das war nun auf den ersten Blick ein merkwürdiges Gebet und ein bisschen peinlich noch dazu. Denn der neue Bürgermeister nahm an diesem Gottesdienst teil. Aber es war auch ein kluges Gebet, weil es deutlich machte: Wir müssen diesem neuen Oberhaupt unserer Stadt nicht mehr Ehre zukommen lassen, als ihm gebührt. Und er muss gleich wissen, dass er nicht besser als die anderen ist, dass seine Macht und sein Einfluss auf Zeit sind.
Nun betet sich so ein Gebet leicht in der Öffentlichkeit, wenn man in einer demokratischen Gesellschaft lebt. In Diktaturen wäre es gefährlich, vielleicht sogar lebensgefährlich. Was zeichnet eigentlich einen Diktator aus? Zunächst und vor allem: dass er seine Macht nicht teilen will. Mit keinem Menschen, mit keinem Gott. Dass er keine Instanz über sich duldet. Dass er sich letzten Endes an die Stelle Gottes setzt.

Nicht von ungefähr ließen sich die Herrscher vergangener Epochen gern als Gott verehren. Pharaonen, römische und chinesische Kaiser. Und die meisten Diktatoren bekämpfen die Religion. Jeder Gott gefährdet ihre eigene Machtstellung. Und jeder Mensch, der an einen solchen Gott glaubt, entzieht dem Gottkönig die letzte und totale Zugriffsmacht auf sein Leben. Das macht diese Menschen für jedes diktatorische System scheinbar so gefährlich. Sie unterwerfen sich nicht bedingungslos seiner Herrschaft. Sie akzeptieren keinen weltlichen Herrscher als ihren Gott, möge er auch noch so viel Macht ausüben und diese Macht mit noch so viel Pomp demonstrieren. Besonders die Christen stören die Friedhofsruhe der Diktatoren. Bis heute. Tatsächlich sind Christen die am meisten verfolgte religiöse Gruppe der Welt. Nach Angaben mehrerer international tätiger Organisationen sind 75 bis 80 Prozent aller Menschen, die derzeit wegen ihres Glaubens verfolgt werden, Christen.

WAS ZEICHNET EIGENTLICH EINEN DIKTATOR AUS? ZUNÄCHST UND VOR ALLEM: DASS ER SEINE MACHT NICHT TEILEN WILL. MIT KEINEM MENSCHEN, MIT KEINEM GOTT. DASS ER KEINE INSTANZ ÜBER SICH DULDET. DASS ER SICH LETZTEN ENDES AN DIE STELLE GOTTES SETZT.

In der ERF Fernseh-Sendereihe „Wartburg Gespräche" erzählte Markus Rode, der Leiter von Open Doors, einem Werk, das sich für verfolgte Christen einsetzt, von Nordkorea. Dort sind überall große Statuen des Diktators Kim Jong Il aufgestellt, vor denen man sich zu verneigen hat. Die Christen aber verneigen sich nicht, obwohl sie wissen, dass sie dafür ins Gefängnis kommen können, ins Arbeitslager, dass sie dafür am Ende vielleicht sogar mit dem Tod bestraft werden. Dabei helfen ihnen Bibelworte wie dieser Vers aus dem Buch Jesaja, Kapitel 26, Vers 13: „O Herr, unser Gott, andere haben über uns geherrscht, doch wir ehren nur deinen Namen."

WOHER BEKOMMEN VERFOLGTE UND BEDRÄNGTE CHRISTEN IHRE KRAFT? AUS DEM HIMMEL. SIE WISSEN, DAS LEBEN AUF DIESER ERDE IST NICHT ALLES. DAS HIMMELREICH WARTET AUF SIE.

Woher bekommen die Christen in Nordkorea ihre Kraft? Direkt aus dem Himmel. Sie wissen ja, dass das Leben auf dieser Erde nicht alles ist. Das Himmelreich wartet auf sie. Das Reich des einen wirklich gerechten Herrschers.

Mancher wird zuweilen an den ersten Märtyrer der Christenheit denken, an Stephanus. Verfolgt „um der Gerechtigkeit willen", wegen dem, der allein Menschen

Gott gerecht macht: Jesus. Stephanus wird gesteinigt. Die Verteidigungsrede, die er zuvor hält, ist eine eindrucksvolle Predigt. Ein paar Sätze daraus:

»Nennt mir nur einen einzigen Propheten, den eure Vorfahren nicht verfolgt haben! Sie gingen sogar so weit, diejenigen umzubringen, die das Kommen des Gerechten prophezeiten, den ihr nun verraten und ermordet habt. Ihr habt Gottes Gesetz mit Absicht missachtet, obwohl ihr es durch die Hand von Engeln empfangen habt.« Die Anschuldigungen, die Stephanus gegen sie erhob, versetzten die führenden Männer des jüdischen Volkes in maßlose Wut. Doch Stephanus, vom Heiligen Geist erfüllt, blickte unverwandt zum Himmel hinauf, wo er die Herrlichkeit Gottes sah, und er sah Jesus auf dem Ehrenplatz zur Rechten Gottes stehen. Er sagte zu ihnen: »Schaut doch, ich sehe den Himmel offen und den Menschensohn auf dem Ehrenplatz zur Rechten Gottes stehen!« Da hielten sie sich die Ohren zu, schrien mit lauter Stimme und stürzten sich auf ihn *(Apostelgeschichte 7,52-57).*

Um der Gerechtigkeit willen verfolgt auf der Erde. Und angekommen im Himmel.

Darauf kommt es an, ob wir nun in einer Demokratie leben oder nicht: An Gott denken, wenn andere Herren ihre harte Herrschaft ausüben. Sich immer vergegenwärtigen, dass Gott anders herrscht, dass er mit Liebe herrscht, mit Barmherzigkeit, dass er seine Menschen nicht unterdrückt, sondern dass er sie befreit. An diesen Gott denken und dadurch eine innere Unabhängigkeit von den aktuellen Herrschern dieser Welt bekommen. Das kann die gesellschaftliche Anerkennung kosten. Vielleicht sogar das Leben. Aber Christen bekennen mit den Worten des Balladendichters Conrad Ferdinand Meyer: Wir sind „dem größten König eigen".

MANCHES ENDE IST EIN ANFANG

Manches Ende ist ein Anfang,
manche Nacht das Morgengraun.
Mancher Tod bringt neues Leben
und Enttäuschung mehr Vertrauen.

Geh den Weg mit bis zu Ende.
Geh den Weg mit durch die Nacht.
Geh durch Tod mit und durch Sterben,
und dann zeig uns deine Macht.

Deine Hand ertast' ich zitternd,
ängstlich horch' ich, was du sagst.
Und ich fange an zu ahnen,
dass du liebst, selbst wenn du plagst.

GEBET

DANKE, DASS WIR IN FREIHEIT LEBEN
UND GLAUBEN KÖNNEN, JESUS.
HILF, DASS UNS DIESE FREIHEIT
NICHT FAUL MACHT.
IM DENKEN NICHT UND NICHT IM HANDELN.
UND HILF AUCH,
DASS WIR UNS NICHT IM HIER UND IM JETZT
VERLIEREN. ZEIG UNS,
DASS WIR UNTERWEGS SIND
RICHTUNG HIMMEL.
UND STEH ALLEN BEI,
DIE ANGST VOR VERHAFTUNG
HABEN MÜSSEN, WENN SIE DEINEN
NAMEN AUSSPRECHEN.

TRÖSTE DIE, DIE GEFANGEN SIND,
WEIL SIE SICH ZU DIR BEKANNT HABEN.
SCHENKE DEN GEFOLTERTEN KRAFT.
STEH DEN STERBENDEN ZUR SEITE.
WENDE IHREN BLICK ZUM HIMMEL.

SCHENKE IHNEN UND UNS

DEIN HERZ!

ZUM SCHLUSS

Die Welt der Seligpreisungen ist eine verkehrte Welt. Es ist die Jesuswelt. Nicht die Welt der Rücksichtslosen, der Menschenverächter, der Schöpfungsschänder. Nicht die Welt der Ellbogen-Karrieristen. Sondern die stille Welt der Menschen mit dem langen Atem. Mit der unerschöpflichen Liebe. Mit der unversiegbaren Hoffnung. Der Menschen, die einfühlsam hinschauen und hinhören. Die achtsam leben. Die Nachhaltiges zu sagen haben. Die die zweite Meile gehen. Und die dritte und die vierte. Die helfen, weil ihnen geholfen wurde. Die weiterschenken, was ihnen in die leeren Hände gelegt wurde. Diese Menschen sind wie er. Jesus. Wenigstens ein bisschen. „Nachfolger", nennt sie Jesus. In der letzten Seligpreisung wendet er sich direkt an sie:

Gott segnet euch, wenn ihr verspottet und verfolgt werdet und wenn Lügen über euch verbreitet werden, weil ihr mir nachfolgt. Freut euch darüber! Jubelt! Denn im Himmel erwartet euch reiche Belohnung. Und denkt daran, auch die Propheten sind einst verfolgt worden.

Jesus weiß: Wer so lebt, eckt an. Weil er dem gesellschaftlichen Mainstream widerspricht. Widerlebt. Wer Jesus nachfolgt, folgt nicht mehr den Herren dieser

Welt, er folgt einem anderen Herrn. Er lässt sich nicht mehr von der Diktatur der Dinge knechten, er ist ein freier Mensch. Freigemacht von Gott. Er lebt und denkt und arbeitet auf der Erde. Aber er hat einen Migrationshintergrund. Ist ein Staatsbürger des Himmels.

Eigentlich beschreiben die Seligpreisungen Jesus. Denn so war nur er. So ist nur er. Genau so. Doch wenn seine Liebe in einen Menschen schlüpft, blitzt auch da, mitten in dieser Welt, himmlische Hoffnung auf. Bettler sagen anderen Bettlern, wo es etwas zu essen gibt. Und alle werden satt.

Und die Kleinen sind die Großen. Die Armen die Einflussreichen. Die Verzagten die Mutmacher. Die Leidenden die Tröster. Und die Mitfühlenden geben den Ton an.

Und mitten in den irdischen Jammergesängen erklingen himmlische Melodien.

MENSCHEN WIE MENSCHEN

Menschen mit Augen, die sehen.
Menschen mit Ohren, die hör'n.
Menschen, die wirklich verstehen,
Nie eine Hoffnung zerstör'n.
Menschen, die Liebe ausstrahlen,
Hell wie ein Leuchtturm am Strand
Menschen wie Himmelsfilialen.
Menschen mit Herz und Verstand.

Menschen wie Menschen – aus Liebe gemacht.
Menschen wie Menschen – im Himmel erdacht.
Menschen wie Menschen – von Gott zur Welt gebracht.

Menschen, die Menschen erschließen,
Menschen zum Menschsein befrei'n.
Die auch mit Worten nicht schießen,
Menschen, die groß sind und klein.
Menschen wie offene Türen.
Menschen, bei denen es taut,
die dicht ans Feuer dich führen.
Menschen, auf die man vertraut.

Menschen wie Menschen – aus Liebe gemacht.
Menschen wie Menschen – im Himmel erdacht.
Menschen wie Menschen – von Gott zur Welt gebracht.